I LOVE MY DAD

IK HOU VAN MIJN VADER

Shelley Admont

Illustrated by Sonal Goyal and Sumit Sakhuja

www.sachildrensbooks.com

Copyright©2015 by S. A. Publishing

innans@gmail.com

Translated from English by Marcella Oleman

Vertaald uit het Engels door Marcella Oleman

First edition, 2016

I Love My Dad (Dutch Bilingual Edition)/ Shelley Admont

ISBN: 978-1-5259-0020-4 paperback

ISBN: 978-1-5259-0021-1 hardcover

ISBN: 978-1-5259-0019-8 eBook

Please note that the Dutch and English versions of the story have been written to be as close as possible. However, in some cases they differ in order to accommodate nuances and fluidity of each language.

Although the author and the publisher have made every effort to ensure the accuracy and completeness of information contained in this book, we assume no responsibility for errors , inaccuracies, omission, inconsistency, or consequences from such information.

for those I love the most—S.A.
Voor degenen van wie ik het meeste hou—S.A.

One summer day, Jimmy the little bunny and his two older brothers were riding their bicycles. Their dad sat in the backyard, reading a book.

Op een zomerdag reden het kleine konijntje Jimmy en zijn twee oudere broers rond op hun fietsen. Hun vader zat in de achtertuin een boek te lezen.

The two older bunnies laughed loudly as they raced. Jimmy tried to catch up on his training wheel bike.

De twee oudere konijntjes waren hard aan het lachen terwijl ze een wedstrijdje deden. Jimmy probeerde hen bij te houden op zijn fiets met zijwieltjes.

"Hey, wait for me! I want to race too!" he shouted. But his brothers were too far away and his bike was too small.

"Hé, wacht op mij! Ik wil ook meedoen!" riep hij. Maar zijn broers waren te ver weg en zijn fiets was te klein.

Soon his brothers returned, giggling to each other. "It's not fair," screamed Jimmy. "I want to ride your big bikes too."

Al snel kwamen zijn broers giechelend terug. "Het is niet eerlijk," schreeuwde Jimmy. "Ik wil ook op jullie grote fietsen rijden."

"But Jimmy, you're too small," said his oldest brother.

"Maar Jimmy, je bent te klein," zei zijn oudste broer.

"And you don't even know how to ride a two-wheeler," said the middle brother.

"En je weet niet eens hoe je op een gewone fiets moet rijden," zei de middelste broer.

"I'm not small!" shouted Jimmy. "I can do everything you can!"

"Ik ben niet te klein!" riep Jimmy. "Ik kan alles wat jullie kunnen!"

He ran to his brothers and grabbed one of the bicycles. "Just watch!" he said.

Hij rende naar zijn broers en greep één van de fietsen. "Kijk maar!" zei hij.

"Be careful!" yelled his oldest brother, but Jimmy didn't listen.

"Wees voorzichtig!" schreeuwde zijn oudste broer, maar Jimmy luisterde niet.

Throwing one leg over, he tried to climb the large bike. At that moment, he lost his balance and crashed on the ground, directly into a mud puddle.

Hij probeerde op de grote fiets te klimmen en gooide één been omhoog. Op dat moment verloor hij zijn evenwicht en viel op de grond, precies in een plas met modder.

His two older brothers burst out laughing.
Zijn twee oudere broers barstten in lachen uit.

Jimmy jumped on his feet and wiped his muddy hands on his dirty pants.
Jimmy sprong op en veegde zijn modderige handen aan zijn vieze broek af.

This just caused his brothers to laugh more.
Dit zorgde ervoor dat zijn broers nog harder moesten lachen.

"Sorry, Jimmy," said the oldest brother in between laughter. "It's just too funny."
"Sorry, Jimmy," zei de oudste broer tussen zijn lachbuien door. "Maar het is zo grappig."

Jimmy couldn't stand it anymore. He kicked the bike and ran home with tears streaming down his face.

Jimmy kon het niet langer uitstaan. Hij gaf de fiets een trap en rende naar huis. De tranen stroomden over zijn wangen.

Dad watched his sons from the backyard. He closed his book and went towards Jimmy.

Vader zag zijn zoons vanuit de achtertuin. Hij klapte zijn boek dicht en liep naar Jimmy toe.

"Honey, what happened?" he asked.

"Lieverd, wat is er gebeurd?" vroeg hij.

"Nothing," grumbled Jimmy. He tried to wipe away his tears with his dirty hands, but instead he smudged his face even more.

"Niks," mopperde Jimmy. Hij probeerde zijn tranen weg te vegen met zijn vieze handen, maar in plaats daarvan besmeurde hij zijn gezicht alleen maar meer.

Dad smiled and said quietly, "I know what can make you laugh…"

Vader glimlachte en zei zachtjes: "Ik weet wat jou aan het lachen kan maken …"

"Nothing can make me laugh now," said Jimmy, crossing his arms.

"Niks kan mij nu aan het lachen maken," zei Jimmy en hij vouwde zijn armen over elkaar.

"Are you sure?" said Dad and began to tickle Jimmy until he smiled.

"Weet je het zeker?" zei vader en hij begon Jimmy te kietelen totdat hij glimlachte.

Then he tickled him so much that Jimmy started giggling.

Toen kietelde hij hem zo hard dat Jimmy begon te giechelen.

They rolled on the grass, tickling each other until they both laughed loudly.

Ze rolden over het gras en kietelden elkaar totdat ze allebei hard aan het lachen waren.

Still hiccupping from his hysterical laughter, Jimmy jumped on Dad's lap and hugged him tight.

Nog steeds hikkend van het uitgelaten gelach sprong Jimmy op zijn vaders schoot en gaf hem een stevige knuffel.

"I was watching you ride your bike," said Dad, hugging him back.

"Ik zag hoe je op de fiets fietste," zei vader en hij knuffelde Jimmy terug.

"And I think you're ready to ride a two-wheeler."

"En ik denk dat je er klaar voor bent om op een gewone fiets te fietsen."

Jimmy's eyes sparkled with excitement. He jumped on his feet. "Really? Can we start now? Please, please, Daddy!"

Jimmy's ogen begonnen te stralen van opwinding. Hij sprong op. "Echt? Kunnen we nu beginnen? Alsjeblieft, alsjeblieft papa!"

"Now you need to take a bath," said Dad smiling. "We can start practicing first thing tomorrow morning."

"Je moet nu eerst in bad," zei vader en hij glimlachte. "We kunnen morgenvroeg beginnen met oefenen."

After a long bath and a family dinner, Jimmy went to bed. That night he could barely sleep.

Na een lang bad en avondeten met zijn familie ging Jimmy naar bed. Die nacht kon hij nauwelijks slapen.

He woke up again and again to check if it was morning.

Hij werd steeds wakker om te zien of het al ochtend was.

As soon as the sun rose, he ran to his parents' bedroom.

Zodra de zon opkwam, rende hij naar de slaapkamer van zijn ouders.

Jimmy tiptoed towards their bed and gave his father a little shake. Dad just turned to the other side and continued snoring peacefully.

Jimmy liep op zijn tenen naar hun bed en schudde voorzichtig aan zijn vader. Vader draaide zich om en snurkte vredig verder.

"Daddy, we need to go," Jimmy murmured and pulled off his covers.

"Papa, we moeten gaan," mompelde Jimmy en hij trok de dekens van hem af.

Dad jumped and his eyes flew open. "Ah? What? I'm ready!"

Vader kwam overeind en zijn ogen gingen open. "Hè? Wat? Ik ben klaar!"

"Shhhh..." whispered Jimmy. "Don't wake anybody."

"Sssttt ..." fluisterde Jimmy. "Maak niemand wakker."

While the rest of the family was still sleeping, they brushed their teeth and went out.

Terwijl de rest van de familie nog lag te slapen, poetsten zij hun tanden en gingen naar buiten.

As he opened the door Jimmy saw his orange bike, sparkling in the sun. The training wheels were off.

Terwijl hij de deur opende, zag Jimmy zijn oranje fiets stralen in de zon. De zijwieltjes waren ervan af.

"Thank you, Daddy!" he shouted as he ran to his bike.

"Dank je wel, papa!" schreeuwde hij, terwijl hij naar zijn fiets rende.

Dad showed him how to mount it and how to pedal. "Let's have some fun!" Dad said, putting a helmet on Jimmy's head.

Vader liet zien hoe hij op moest stappen en hoe hij moest trappen. "Laten we wat plezier beleven!" zei hij en hij zette een helm op Jimmy's hoofd.

Jimmy took a deep breath, but didn't move. "Come on. I'll help you into the seat," Dad insisted.

Jimmy slaakte een diepe zucht, maar hij bewoog niet. "Kom op. Ik zal je op je zadel helpen," drong vader aan.

"Umm..." mumbled Jimmy, his voice shaking. "I'm...I'm scared. What if I fall again?"

"Uhhmm," mompelde Jimmy. Zijn stem trilde. "Ik ben ... ik ben bang. Wat nou als ik weer val?"

"Don't worry," reassured his dad. "I'll stay close to catch you if you fall."

"Maak je geen zorgen," verzekerde zijn vader hem. "Ik zal dicht bij je blijven om je op te vangen als je valt."

Jimmy hopped on his bike and began pedaling slowly.

Jimmy sprong op zijn fiets en begon langzaam te trappen.

When the bike tipped to the right, Jimmy leaned to the left. When the bike tipped to the left, Jimmy leaned to the right.

Als de fiets naar rechts kantelde, leunde Jimmy naar links. Als de fiets naar links kantelde, leunde Jimmy naar rechts.

Sometimes he fell down, but he didn't give up – he tried over and over again.

Soms viel hij op de grond, maar hij gaf niet op – hij probeerde het telkens opnieuw.

Morning after morning they practiced together.

Ochtend na ochtend oefenden ze samen.

Dad held on while Jimmy wobbled, and eventually the little bunny learned to pedal fast.

Vader hield Jimmy vast als hij slingerde en uiteindelijk leerde het kleine konijntje om snel te trappen.

Then one day Dad let go and Jimmy could ride all by himself without falling even once!

Toen, op een dag, liet vader Jimmy los en kon Jimmy helemaal alleen fietsen zonder ook maar één keer te vallen!

Dad smiled. "Now that you know how to ride, you'll never forget it."

Vader glimlachte. "Nu je weet hoe je moet fietsen, zal je het nooit verleren."

"And I can race too!" exclaimed Jimmy.
"En ik kan ook wedstrijdjes doen!" riep Jimmy uit.

That day Jimmy raced with brothers.
Die dag deed Jimmy een wedstrijdje met zijn broers.

Guess who won the race?

Raad eens wie er won?